MISSION SCIENTIFIQUE

EN PERSE

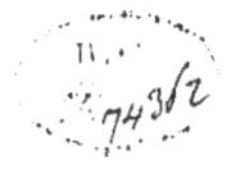

CARTES

ANGERS, IMPRIMERIE ORIENTALE DE A. BURDIN ET Cie

MISSION SCIENTIFIQUE

EN

PERSE

PAR

J. DE MORGAN

CARTES

DES

RIVES MÉRIDIONALES DE LA MER CASPIENNE

DU KURDISTAN, DU MOUKRI ET DE L'ÉLAM

<hr>

PARIS

ERNEST LEROUX, ÉDITEUR

28, RUE BONAPARTE, 28.

1895

PLAN DES ENVIRONS DE
BAGISTANA - BISOUTOUN
Echelle au 1:250.000.
Lang. or. du mérid. de Paris.
E. Leroux, Éditeur.
J. DE MORGAN _ Mission en Perse.

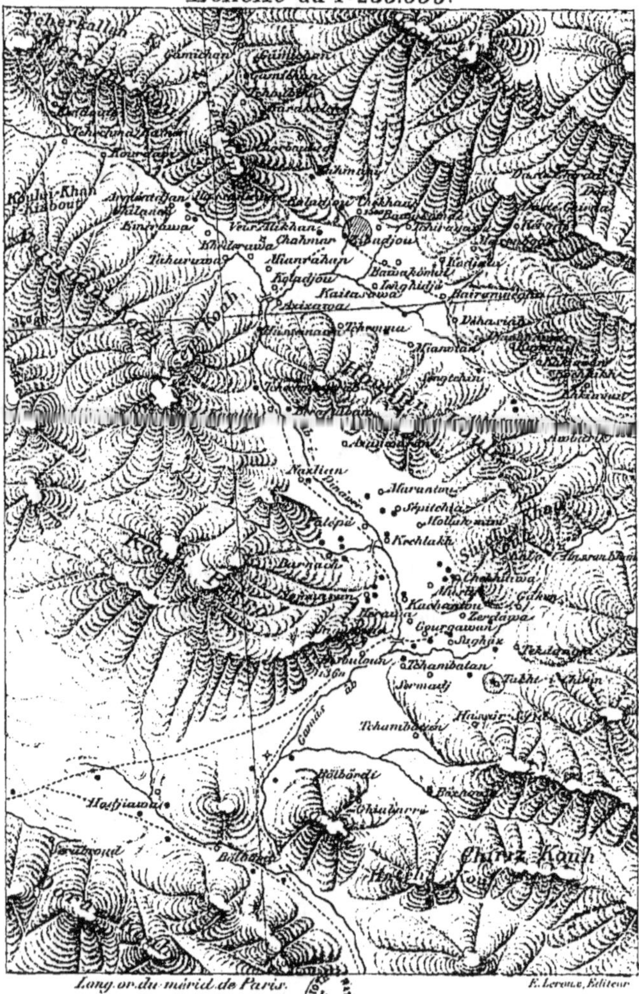

CROQUIS TOPOGRAPHIQUE DES ENVIRONS D'
AGBATANA. HAMADAN.
Echelle au 1:250.000.

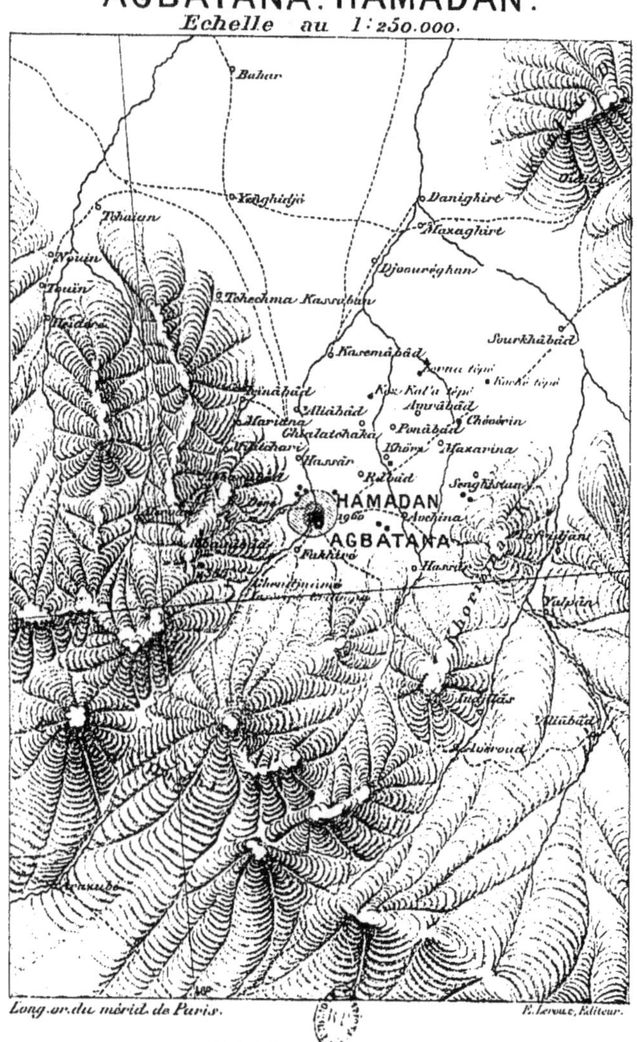

Long.or.du mérid. de Paris.   E.Leroux, Éditeur.

J. DE MORGAN _ Mission en Perse.

PORTES DU ZAGROS

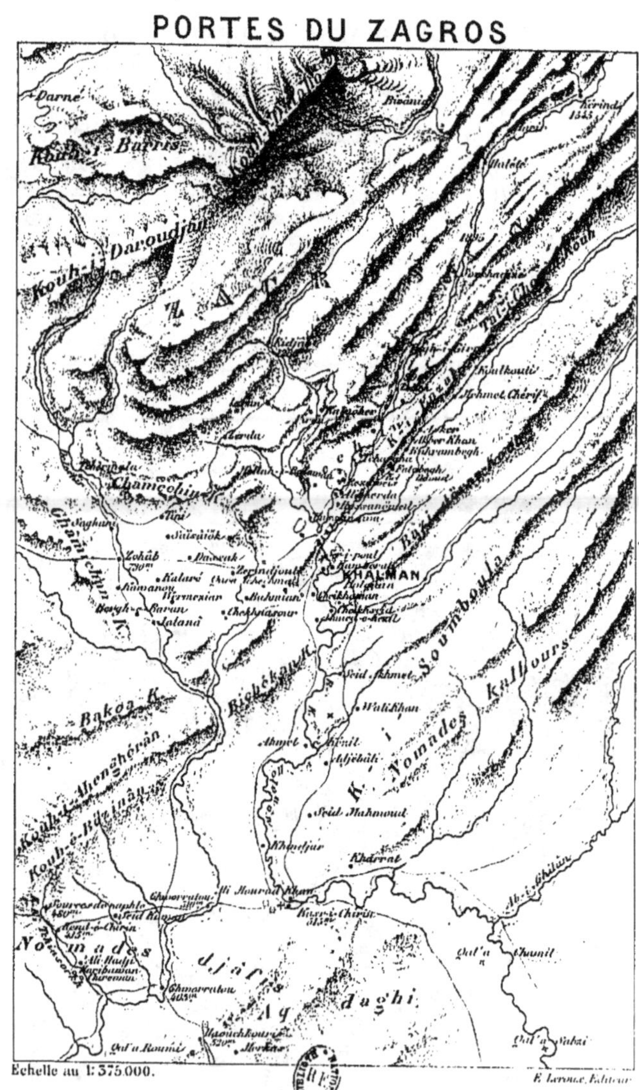

Echelle au 1:375.000.

E. Leroux, Editeur

J. DE MORGAN — Mission en Perse

KAL'A-İ-HÁZÂR-DÁR

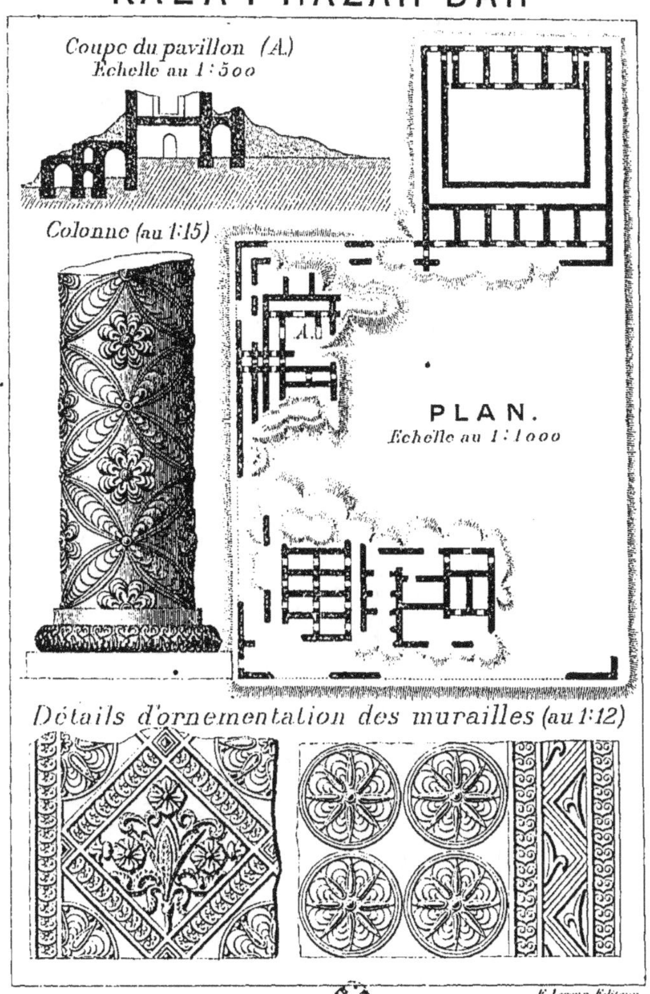

J. DE MORGAN — Mission en Perse.

HAOUCH-KOURI.

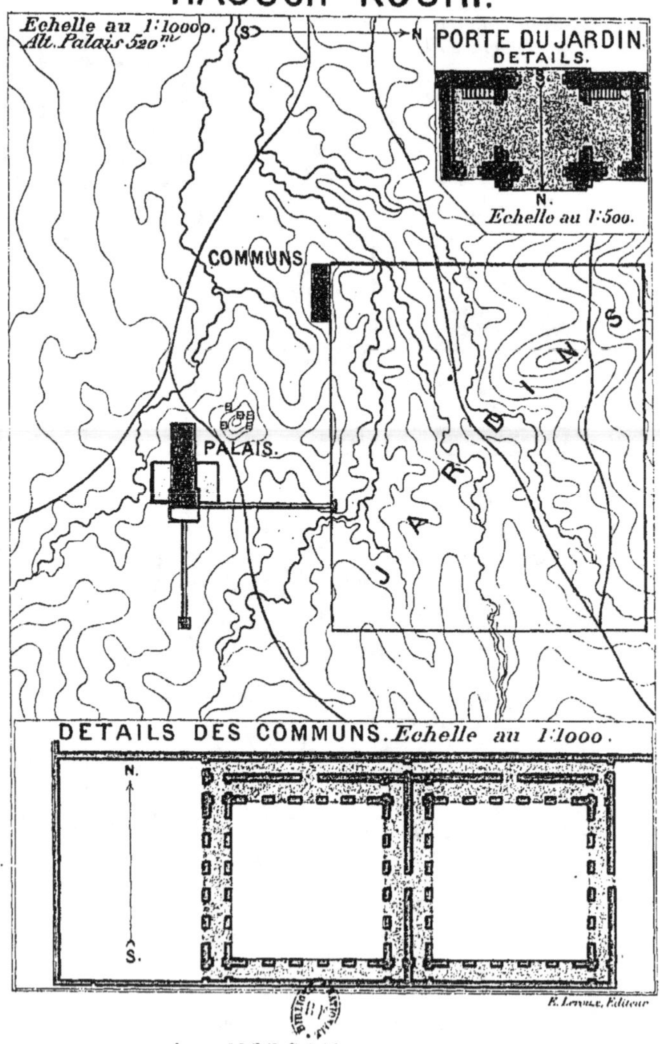

J. DE MORGAN   Mission en Perse

KAL'A-I-KHOSROV.
(FORTERESSE SASSANIDE)
KASR-I-CHIRIN

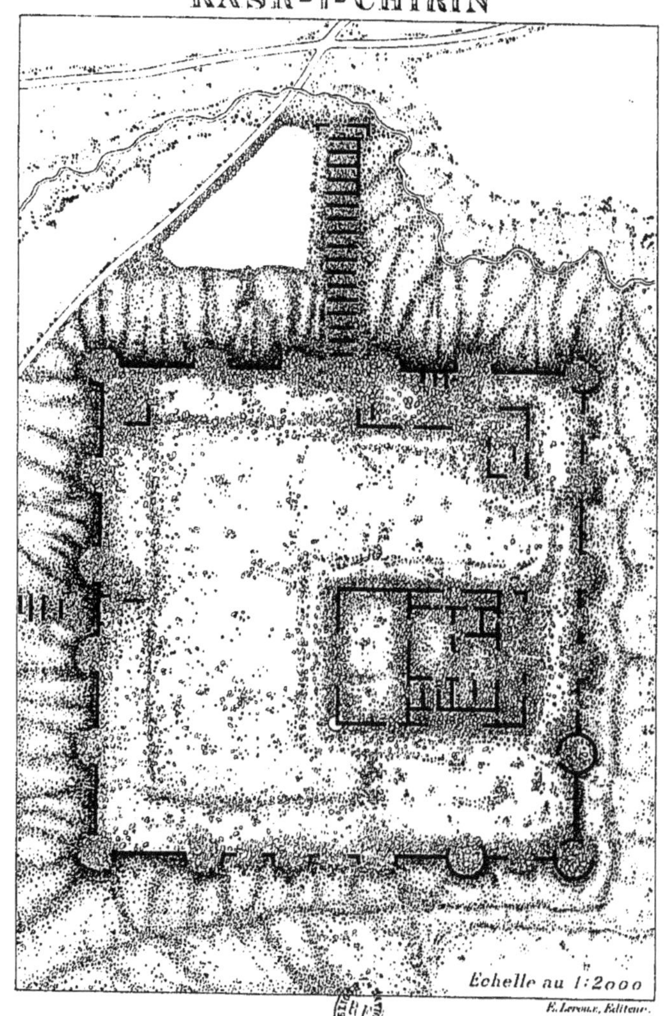

J. DE MORGAN   Mission en Perse

RUINES DE
KHALMAN
SER-I-POUL

J. DE MORGAN Mission en Perse.

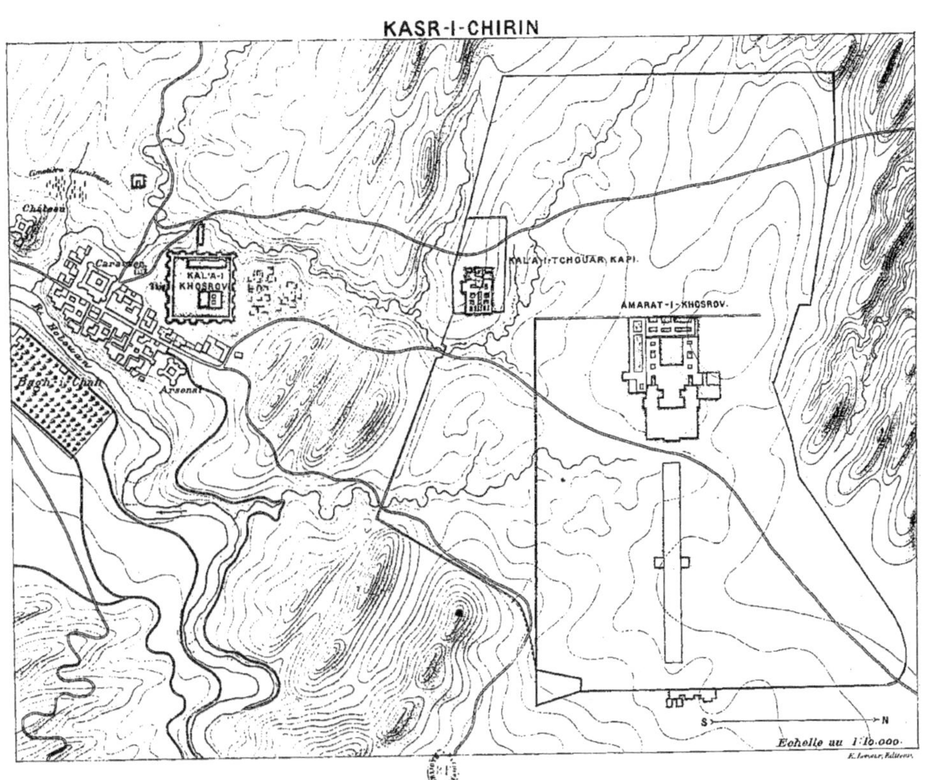

J. DE MORGAN Mission en Perse.

KAL'A-I-TCHOUAR KAPI
(RUINES SASSANIDES.)
KASR-I-CHIRIN

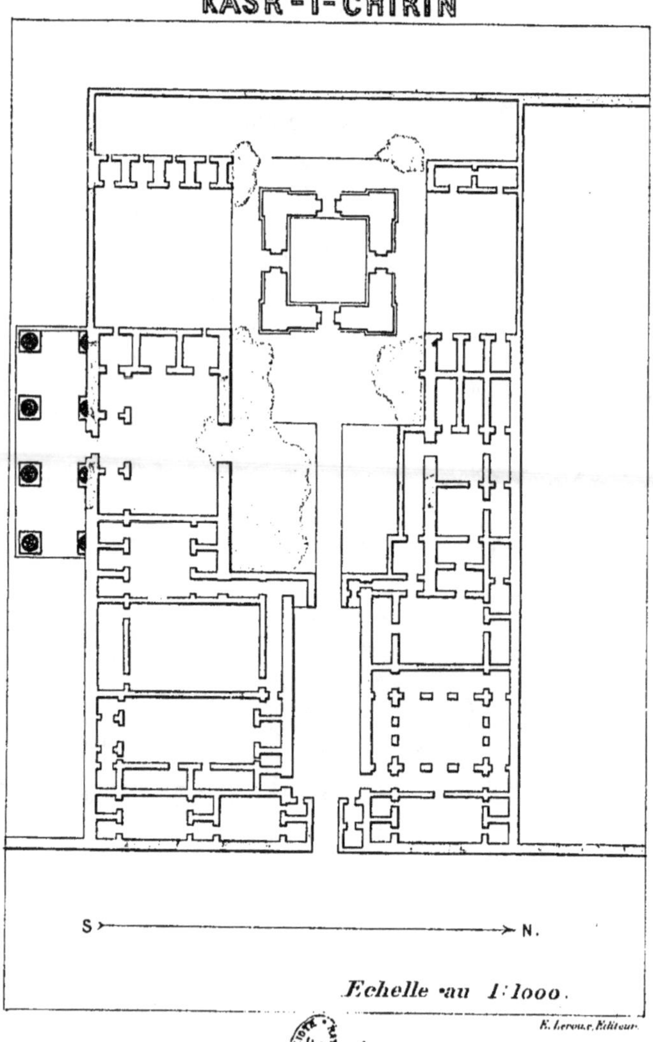

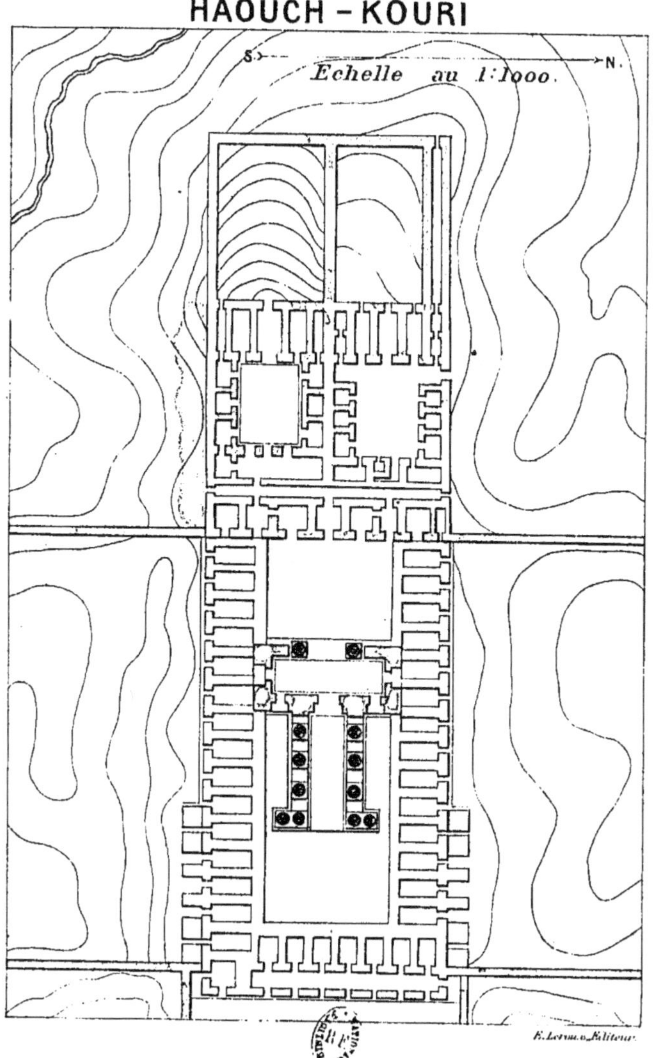

J. DE MORGAN Mission en Perse.

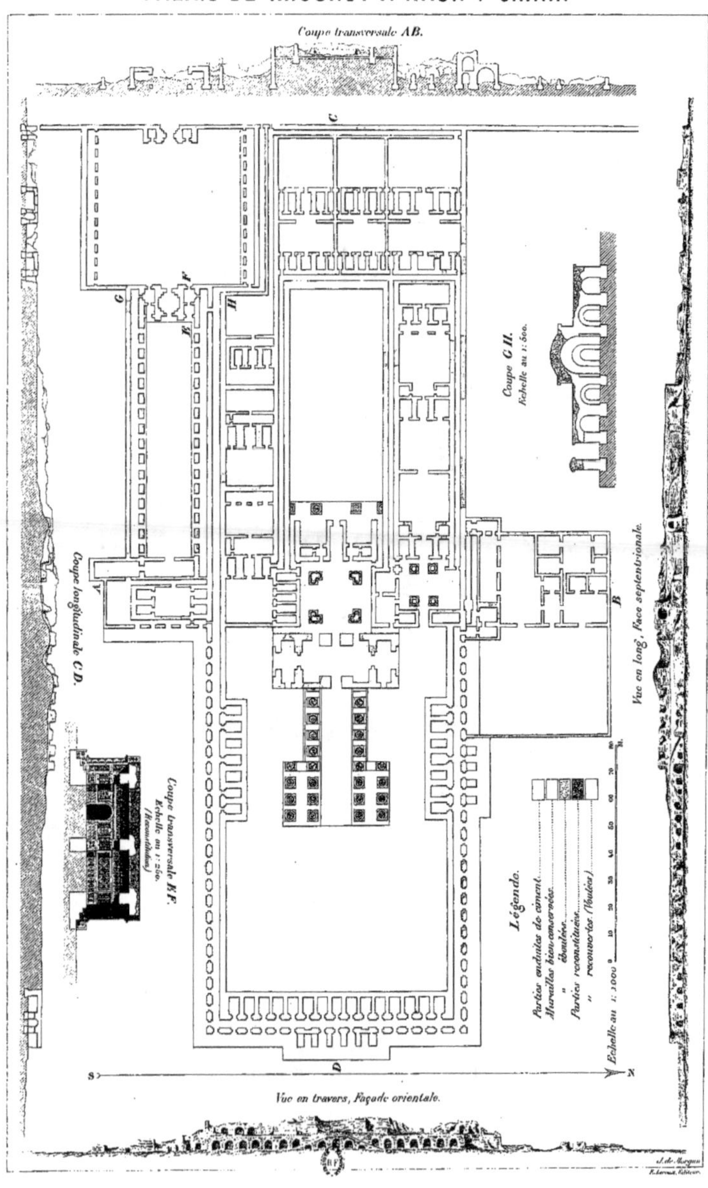

J. DE MORGAN. Mission en Perse.

CARTE DE L'ÉLAM

KOURDISTÂN (PARS), LOURISTÂN, KHOUZISTÂN ou ARABISTÂN, 'IRÂK-ARABÎ (PARS) 'IRÂN (PARS)

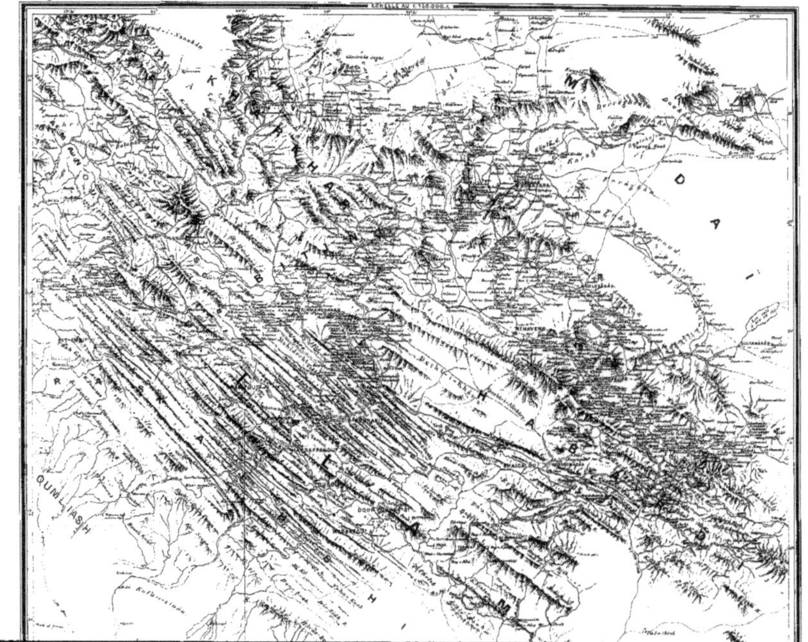

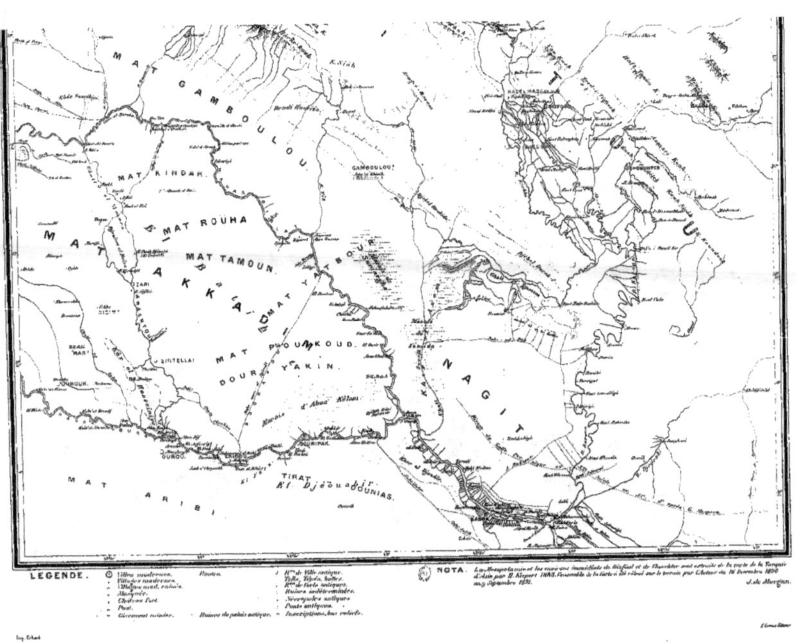

MAT GAMBOULOU
K. Sirb
MAT KINDAR
MAT ROUHA
MAT TAMOUN
MAT AKKLA
MAT TABOUR
GAMBOULOU
MAT DOUR YAKIN
DOUR YAKIN
NAGIT
MAT ARIBI
TIRAT
El Djeouad Dounias

LEGENDE.
Villes modernes.
Villages modernes.
Villages mod. ruinés.
Mosquée.
Château fort.
Pont.
Gisement minier.
Routes.
Ruines de palais antique.
Rtes de Ville antique.
Tells, Tépés, buttes.
Rtes de Porte antiques.
Ruines indéterminées.
Nécropoles antiques.
Ponts antiques.
Inscriptions, bas reliefs.
NOTA. La Mésopotamie et les environs immédiats de Bisitoul et de Chmchter sont extraits de la carte de la Turquie d'Asie par H. Kiepert 1883. L'ensemble de la carte a été relevé sur le terrain par l'Auteur du 16 Novembre 1890 au 5 Septembre 1891.
J. de Morgan.
Imp. Erhard

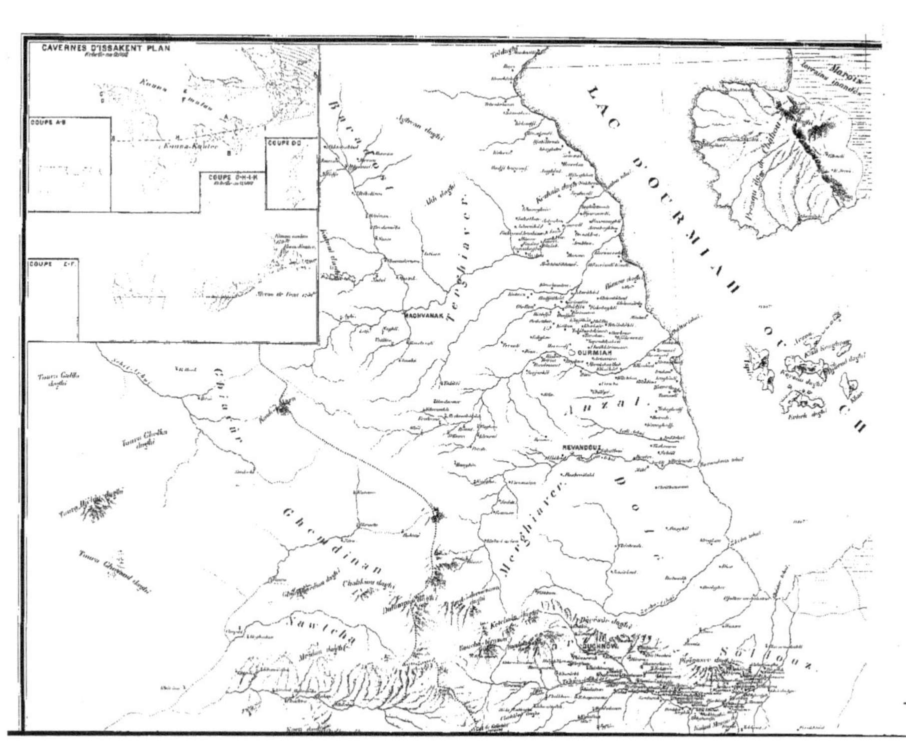

CAVERNES D'ISSAKENT PLAN
COUPE A-B
COUPE C-D
COUPE G-H-I-K
COUPE E-F
LAC D'OURMIAH
Tenghiaver
NACHVANAK
OURMIAH
Anzal Dol
REVANDOUZ
Merghiaver
Ghendinan
Nautcha
Soldouz
Tsoure Guéllu daghi
Tsoure Chotka daghi
Tsoure Bidjin
Tsoure Ghesmad daghi

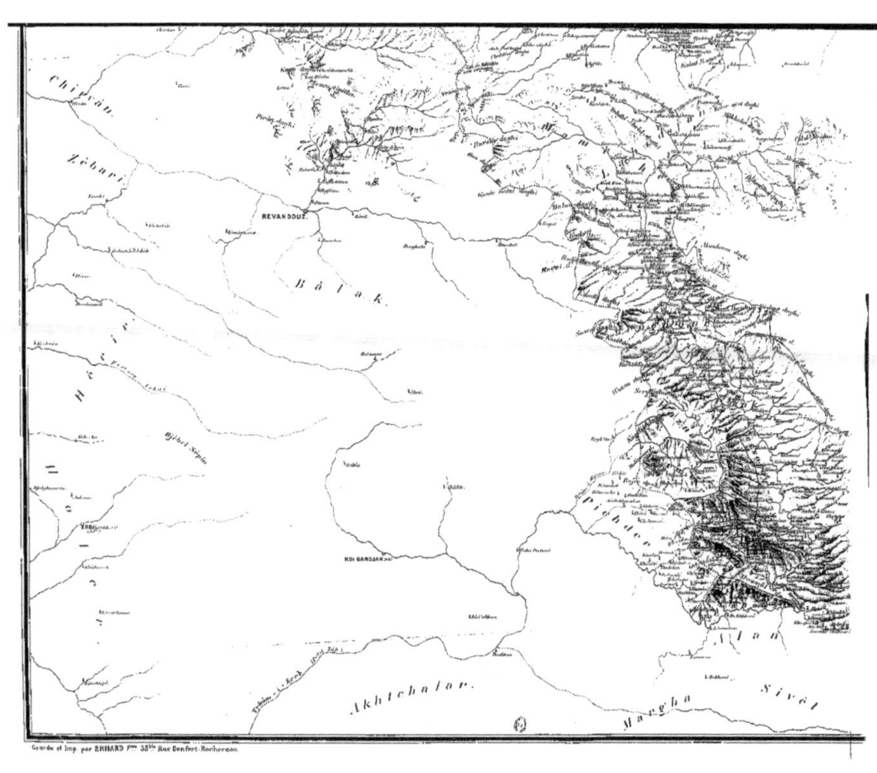

Chivan
Zebari
REVANDOUZ
Balak
Koi SANDJAK
Pichder
Alan
Akhtchalar.
Margha
Sivet
Gravé et Imp. par EHHARD F.res 35.bis Rue Denfert-Rochereau.

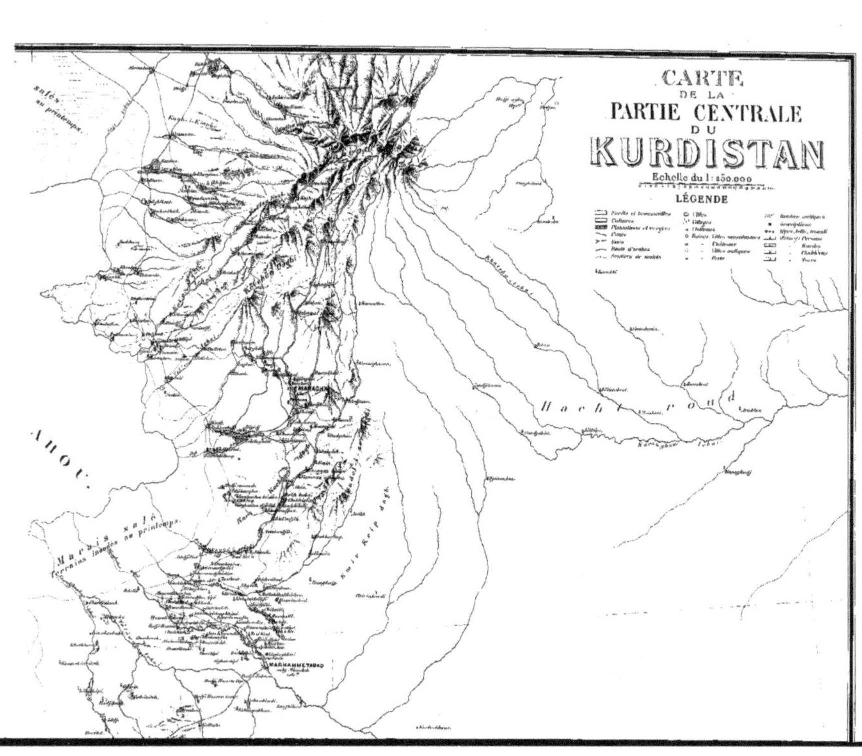

CARTE
DE LA
PARTIE CENTRALE
DU
KURDISTAN
Echelle du 1:250.000
LÉGENDE
MOHAMMETABAD
Amou
Khaidar Tchai
Hacht roud

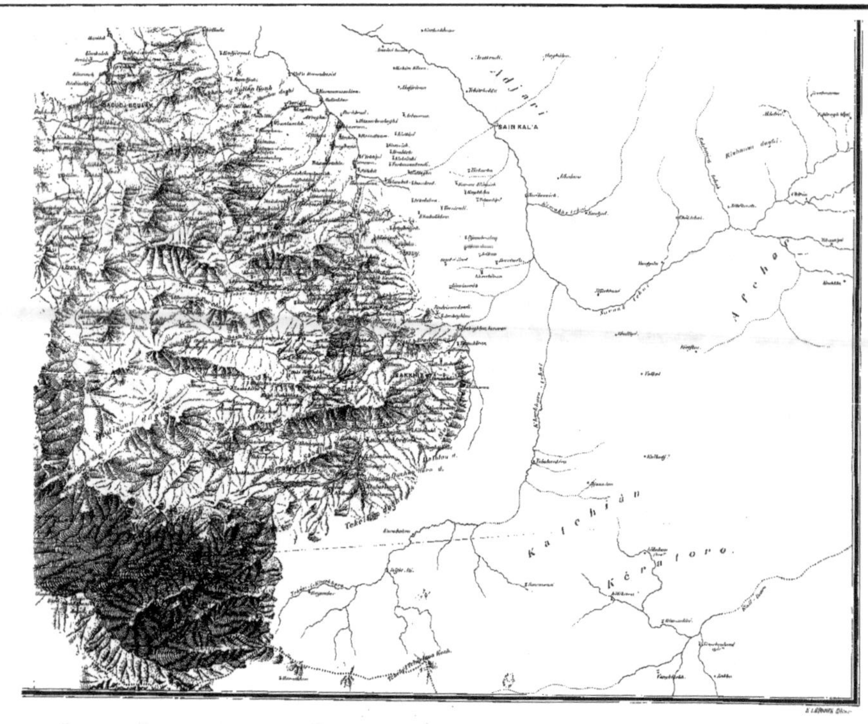

SAIN KAL'A
Adjari
Archo
Kalchiän
Kératore

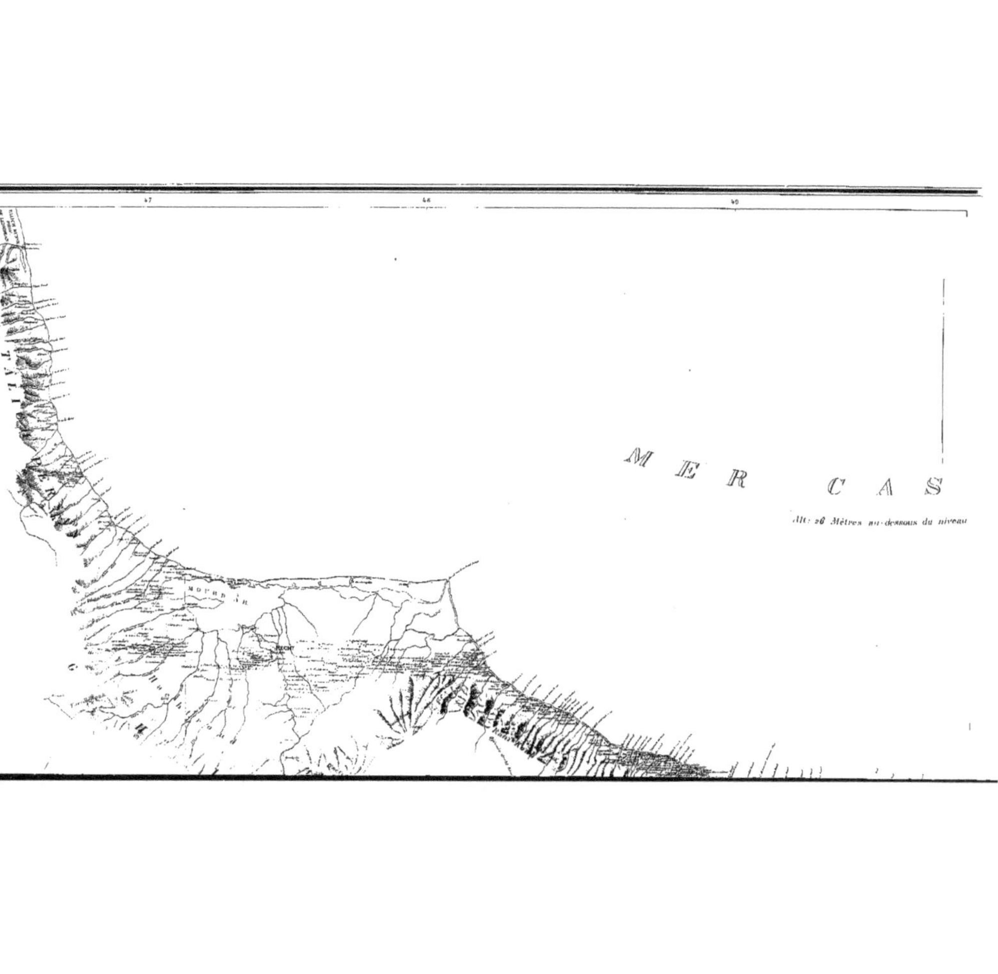
TALI
NOURAIN
RECHT
M E R   C A S
Alt: 26 Mètres au-dessous du niveau
47
48
49

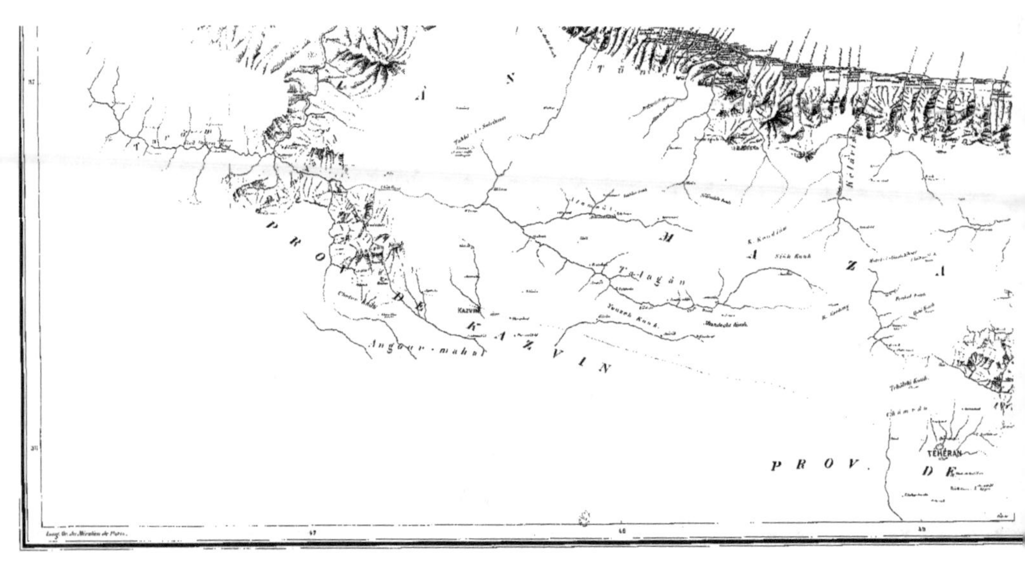

PROV. DE KAZVIN
Kazvin
Angour-mahal
Télagân
Youssouf Kand
PROV. DE
TÉHÉRAN
Tchitchil Kand
Chamrân
Long. Or. du Méridien de Paris.

TURKOMANIE RUSSE
PIENNE
moyen des Mers
BAIE D'ANTÉRÂBÂD
PROV. D'ASTÉRÂBÂD
ROUD

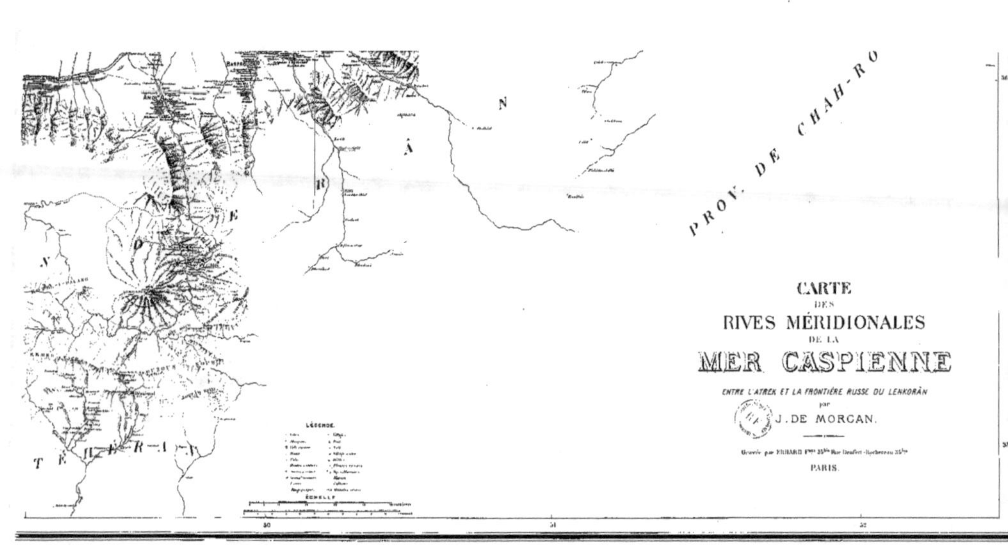

PROV. DE CHAH-RO
CARTE
DES
RIVES MÉRIDIONALES
DE LA
MER CASPIENNE
ENTRE L'ATREK ET LA FRONTIÈRE RUSSE DU LENKORÂN
par
J. DE MORGAN.
Gravé par ERHARD Frères 35bis Rue Denfert-Rochereau 35bis
PARIS.
LÉGENDE.
ÉCHELLE
TÉHÉRAN